Jammern - aber richtig!

Eine Anleitung

A & O des Wissens

Franz Stowasser & Rudolf Kraus

Jammern - aber richtig!

Eine Anleitung

Verlag A & O des Wissens
Zürich und Hamburg

2. erweiterte Auflage 2002

Umschlaggestaltung: Thea Sautter, Zürich

Printed in Poland

ISBN 3-905327-22-8

Ein Buch für aktuelle Lebensgestaltung
mit Übungen für die Praxis.

Vom Schicksal zur Fähigkeit

mit Zeichnungen von Rudolf Werndl

und Oiuiae Ïïöüëÿ Qqpyjgfdb

Zum Geleit

Der Begriff Jammern kommt vom Mittelhochdeutschen Jämer und ist wohl auf das Wort Jämar = traurig zurückzuführen. Vermutet wird die Ableitung von einem Schmerzlaut, vielleicht jämineh. In Bezug auf das Jammern gibt es in allen Gesellschaften und damit in den Köpfen der Menschen unterschiedliche Erwartungen und Vorurteile.

Zunächst ist Jammern ein in alten und neuen menschlichen Gesellschaften gleichermassen nachzuweisendes Phänomen. Menschen verschaffen sich durch intensives Jammern Erleichterung oder doch zumindest etwas Abstand von Unpässlichkeiten, Wehwehchen, Störungen, aber auch gefühlsmässige Distanz von Schicksalsschlägen und schmerzlichen Erfahrungen.

Durch den Ausbau des Idealbildes unempfindlicher Männlichkeit in den letzten Jahrzehnten ist allerdings der Eindruck enstanden, beim Jammern handle es sich um ein unausgewogenes, verweichlichtes Verhaltensschema. Und nicht um eine bewährte Methode zur seelischen und psychischen Katharsis.

Auch für Frauen, die vielleicht seit Jahrhunderten rund um den weiblichen Zyklus jammern, sollte ein Signal gesetzt werden, dass es sich hierbei um ein psychologisch einwandfreies Verhalten handelt.

Jammern, aber richtig

Wir haben dieses Buch über das Jammern geschrieben, weil wir sehen, wie notwendig es heute ist, aus einfachen unreflektierten Handlungen Fähigkeiten zu entwickeln. Erst nachdem es uns gelungen war, Jammern als eine erlernbare Fähigkeit darzustellen, quasi als Programm zu formalisieren, was so viele Millennien lang als Ausdruck des Schicksals angesehen worden war, konnte wieder ein Stück Freiheit entstehen. Wir haben das jämmerliche Verhalten mit diesem Buch aus der Domäne der Subjektivität herausgelöst und der Objektivität zugeordnet. Indem wir das Jammern erlernbar machen, kommt das Individuum in die Pflicht, sich eine neue Begründung für seine „Ausserordentlichkeit" zu suchen. Einfach jammern geht nicht mehr.

Wir sehen in der Zukunft Jammergruppen und Jammerkongresse, Jammerwettbewerbe und jämmerliche Ausscheidungsveranstaltungen. Jammerzeitungen und Jammertalkshows werden öffentlich als solche bezeichnet – und jämmerliche Politiker müssen sich nicht mehr länger in Diäten flüchten.

Wir betrachten das vorliegende Arbeitsbuch durchaus als einen Millenniumbeitrag. Es werden Missverständnisse beendet und unverstandene Jammerer rehabilitiert. Unter kommunikativen Aspekten ist unser Beitrag ebenfalls zentral, denn er befreit ein bislang in der Konnotation gebundenes Kommunikationsverhalten. Rückt ins Licht, was solange im Dunkel wirkte.

Wenn Sie, liebe Leserin, lieber Leser, sich nun die Frage stellen, ob Sie zuviel, zuwenig, richtig oder vielleicht falsch jammern bzw. Ihr Jammern manchmal in ungeeigneten Situationen einsetzten, dann ist das vorliegende Buch für Sie eine grosse Hilfe. Die Hinweise und die Arbeitsseiten des Buches werden Ihnen helfen, folgende Fragen zu klären:

Wie kann ich sicher sein, richtig zu jammern?

Worauf soll ich beim Jammern besonders achten?

Stimmen Sie sich nun für die Arbeit mit diesem Buch richtig ein. Sie tun das, indem Sie das aufgedruckte grauschwarze Schicksalsgarn ausschneiden, zur Hand nehmen und selbst einen Jammerlappen herstellen. Als Anfänger im Verfertigen von Jammerlappen werden Sie sicherlich zur Häkelnadel greifen wollen. Wir weisen Sie jedoch darauf hin, dass Sie als fortgeschrittener Jammerer das Schicksalsgarn als Knüpfgarn verwenden sollten. Eine genaue Knüpfanweisung zum Knüpfen eines Jammerlappens finden Sie auf den folgenden Seiten.

Handwerklich weniger begabte Jammerer können auch ein Jammer-Ei schwarz anmalen. In diesem Fall nehmen Sie bitte ein hartgekochtes Wachtelei und einen Liter schwarze Farbe, damit Sie dann darüber jammern können, dass die Fläche des Eis der vielen Farbe nicht genug Platz bietet. Wichtig ist, egal für welche Aktivität Sie sich entscheiden, mit der richtigen Einstellung zu arbeiten. Denken Sie unbedingt daran, wie mühselig die Arbeit ist, wie arm dran Sie doch sind, dass Sie nicht nur Ihr Geld für dieses Buch ausgegeben haben, sondern jetzt auch noch etwas tun sollen, dessen Sinn Sie nicht direkt einsehen können. Kurz: jammern Sie, während Sie arbeiten.

Wir knüpfen einen Jammerlappen

Knüpfanweisung

Schneiden Sie mit einer stumpfen Schere das auf der nächsten Seite abgedruckte Garn aus und nehmen Sie es in die linke Hand. Stellen Sie vorher sicher, dass Ihr Fernsehapparat ausgeschaltet ist und die Kinder schlafen.

Drehen Sie das lose Ende des Jammergarns, welches Sie in der linken Hand halten, mit dem rechten Daumen und Zeigefinger, bis es sich einrollt. Lassen Sie dazu das Ende des Garns etwas auf Ihrer linken Hand nach aussen rutschen. Rutschen Sie nicht auf Ihrem Stuhl hin und her! Nachdem Sie das Ende des Garns eingerollt haben, tauchen Sie es in heisses Kerzenwachs und lassen Sie dann das Wachs erkalten. Das Wachs wird sich fest um das Ende des Jammergarns schliessen. Um das Wachs wieder aus dem Garn zu bekommen, wird es das Beste sein, Sie schneiden das gewachste Ende einfach mit einer Schere ab und wiederholen den Vorgang. Sollten Sie nach einiger Zeit kein Garn mehr haben, können Sie zu Ihrem Nachbarn gehen und echtes Garn ausleihen. Achten Sie dabei unbedingt auf die Farbe.

Verknüpfen Sie dann den oberen Teil des Garns zu einem dichten Gewebe (Sie kennen diese Gewebeart von Ihrem Wohnzimmerteppich). Schneiden Sie dieses dichte Gewebe in Lappenform zurecht und verarbeiten Sie die Kanten mit einer Doppelnaht.

Jammergarn zum Ausschneiden

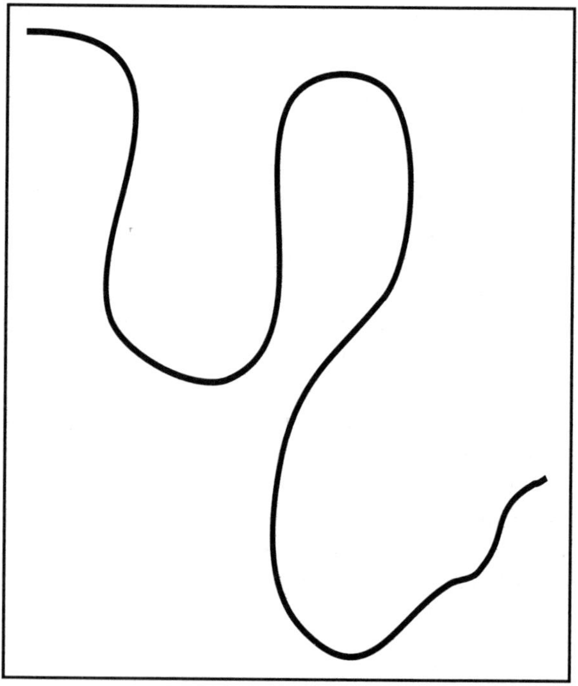

Nutzen Sie das folgende Feld, um eine Zeichnung, die Ihre Idee eines Jammerlappens darstellt, zu fertigen. Vor allem: jammern Sie dabei!

Ihre Zeichnung:

Besprechen Sie die Jammer-Erfahrung bei der Herstellung des Jammerlappens auch mit einem Partner. Berichten Sie ihm oder ihr, wie sehr Sie sich von diesem Buch etwas anderes erhofft hatten und wie schwer Sie enttäuscht wurden.

Nehmen Sie sich viel Zeit, um auszuformulieren, wie ähnlich das Ihnen auch schon bei anderen Gelegenheiten in Ihrem Leben erging. Sollten Sie sich zu solch exzessiven Jammermitteilungen noch nicht in der Lage sehen, dann machen Sie zunächst eine mentale Exkursion ins Jammertal.

Martin Luther nannte das Tal der Tränen das Jammertal. Arbeiten Sie hier auch mit der Unterstützung des folgenden Arbeitsblattes, mit Dias oder Kurzfilmen, Videos oder dem Angebot Ihrer örtlichen Volkshochschule. Finden Sie in Ihr mentales Jammertal und reisen Sie mental oder tatsächlich zu Ihrem idealen Jammerplatz. Richten Sie sich diesen Jammerplatz oder Jammerraum jammervoll ein, und kehren Sie dorthin zurück, wenn Sie einmal alleine jammern wollen.

oh mein jammerlappen 17.4.97

Mentale Excursion ins Jammertal

Setzen Sie sich bitte in einen unbequemen Sessel oder stellen Sie sich barfuss auf einen kalten Steinboden (melden Sie sich, falls Sie die zweite Variante nehmen, schon mal bei Ihrem Urologen an).

Lassen Sie sich nun von der jetzt erlebten Unbequemlichkeit zu anderen Unbequemlichkeiten in Ihrem Leben tragen, erkennen Sie, dass Ihnen immer wieder etwas Schlimmes passiert, Ihr Nachbar aber davon verschont bleibt.

Gehen Sie ganz in das Gefühl.

Notieren Sie hier, wo Sie in Ihrem Körper dieses Gefühl spüren:

Finden Sie Ähnlichkeiten der Körperregion, in der Sie das Gefühl spüren, zu einer Landschaft wie zum Beispiel Poebene, Spitzbergen etc...

Begeben Sie sich mental in diese Landschaft und finden Sie Ihr persönliches Jammertal.

So sehe ich mein Jammertal:

Finden Sie Ihren ganz persönlichen Jammerraum in diesem Tal.

Typologie des Jammerns

Sollten Sie sich zum Jammern isolieren und an einen stillen Ort zurückziehen? Nein. Intensives Jammern in Gruppen ist der einfachste und gleichzeitig sicherste Weg, richtig jammern zu lernen. Die Gruppenarbeit wird unverzichtbarer Bestandteil jeder Jammerübung.

Um wirklich gut jammern zu können, sollten Sie die 5 Grundprinzipien des Gruppenjammerns erarbeiten:

- Aufmerksamkeitsjammern
- Einschmeichelndes Jammern
- Zuwendungsjammern
- Gezieltes Bestätigungsjammern
- Präsentationsjammern

Aufmerksamkeitsjammern: Ich bin, weil ich jammere

Wenn Sie durch Jammern Aufmerksamkeit auf sich ziehen möchten oder müssen, sollten Sie die Personen, die Sie bejammern, sehr genau beobachten. Nonverbale Sprache, Gestik und Mimik Ihrer Mitmenschen gehören von jetzt an zu Ihren Studienfächern. Sie können erfolgreiches Aufmerksamkeitsjammern nur dann praktizieren, wenn Sie genau beobachten, worauf sich Ihre Mitmenschen gerade fokussieren.

Beispiel:

Sie sitzen in einem Raum, mehrere Personen unterhalten sich miteinander, wieder einmal achtet keiner auf Sie. Durch genaues Beobachten erkennen Sie, dass eine der Personen etwas sucht, vielleicht Streichhölzer, einen Aschenbecher, eine Serviette oder ähnliches. Sie folgen den Blicken dieser Person und bewegen Ihre linke Hand langsam zu Stellen, an denen die Person den gesuchten Gegenstand vermuten könnte. Sie führen diese Bewegung langsam und sehr geschmeidig aus und atmen, wann immer der Blick der Person Ihre Hand trifft, hörbar aus. Die Person wird Sie ansprechen oder zumindest mit hochgezogenen Augenbrauen anschauen.

Nutzen Sie diese Aufmerksamkeit dazu, sich mit einem leichten Seufzer abzuwenden. Allerdings nur so weit, dass Sie innerhalb eines Winkels von 45 Grad zur aufmerksamen Person bleiben.

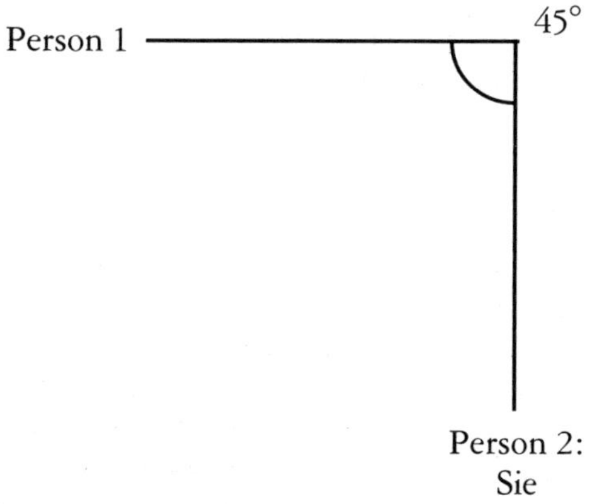

Wenden Sie sich nach höchstens 3 Sekunden (zählen Sie dazu innerlich 20, 21, 22) wieder der Person zu, blicken Sie ihr über die linke Schulter am

Gesicht vorbei und sprechen leise das Wort „leider" aus.

Sehen Sie dann der jetzt sehr aufmerksamen Person in die Augen und heben Sie Ihre Augenbrauen. Das wird die Person veranlassen, Sie anzusprechen. Jetzt haben Sie, was Sie wollten: höchste Aufmerksamkeit. Jammern Sie davon, dass nichts an seinem Platz ist und wenn, dann dort, wo man es nicht braucht...

Womit möchte ich Aufmerksamkeit erjammern?

Bei wem möchte ich Aufmerksamkeit erjammern?

____

Mit wem möchte ich Aufmerksamkeit erjammern?

Welcher Art soll die Aufmerksamkeit sein, die ich erjammere, und welchen Jammerstil wende ich an?

Einschmeichelndes Jammern

Nachdem Sie das Aufmerksamkeitsjammern geübt haben und beherrschen, praktizieren Sie das „Einschmeichelnde Jammern". Bei dieser Jammerart stellen Sie sich innerlich vor, Ihr Gegenüber sei ein Stück Käse und Sie eine Made. Sie schauen als Made auf den Käse und entdecken sofort dessen weiche Stellen. Jammern Sie sich gnadenlos in diese weiche Masse, nutzen Sie jede Mitleidsregung. Gestalten sie Ihre Jammergeschichten jedoch so, dass Ihre Zuhörerin, Ihr Zuhörer von Ihnen mehrmals folgende Sätze hören und geniessen kann:

„ ... Aber bei Ihnen ist das ganz anders."

„ ... Sie meistern das Leben."

„ ... Sie sind nicht so."

„ ... Sie würden wissen, was da zu tun ist."

" ... Sie machen einen glücklichen (zufriedenen, erfolgreichen ...) Eindruck."

Womit möchte ich mich einschmeicheln?

Bei wem möchte ich einschmeichelnd jammern?

Mit wem möchte ich mich einschmeicheln?

Welcher Art soll die Aufmerksamkeit sein, die ich durch Einschmeicheln erjammere, und welchen Jammerstil wende ich an?

Zuwendungsjammern

Einschmeichelndes Jammern sollte direkt in Zuwendungsjammern münden. Nachdem Sie Ihr Gegenüber davon überjammert haben, dass alle Welt versagt und nur sie/er den richtigen Weg zur Meisterschaft im Leben gefunden hat, lautet Ihr Jammerziel ZUWENDUNG!

Stellen Sie sich innerlich einen Stausee vor, dessen Wasserspiegel mit der Zeit steigt. Irgendwann wird es notwendig sein, die Schleusen zu öffnen. Ihr Gegenüber befindet sich jetzt in einer solchen „Stausee"-Situation. Sie haben mit Ihrem einschmeichelnden Zuspruch seinen Selbstwert-Pegel so erhöht, dass die Schleusen bald geöffnet werden müssen.

Bringen Sie sich in Position!

Damit der Schwall der Zuwendung Sie und nicht jemand Anderen trifft, etwa jemanden, der dann ganz ohne die strategische Vorarbeit, die Sie geleistet haben, in den Genuss von Zuwendung käme. Phantasieren Sie sich selbst als Flussbett, bereit, alles Schleusenwasser aufzunehmen. Signalisieren Sie Ihrem Gesprächspartner, dass Sie Grösse und Flexibilität besitzen und mit „Überfluss" umgehen können. Leiten Sie die kommende Zuwendung in für Sie nützliche Bahnen oder versagen Sie bewusst, um wieder Material zum Jammern zu haben.

Womit möchte ich Zuwendung erjammern?

Bei wem möchte ich Zuwendung erjammern?

Mit wem möchte ich Zuwendung erjammern?

Welcher Art soll die Zuwendung sein, die ich erjammere, und welchen Jammerstil wende ich an?

Gezieltes Bestätigungsjammern

Durch die erworbene Fähigkeit im Aufmerksamkeitsjammern, im einschmeichelnden Jammern und im Zuwendungsjammern haben Sie sich die Voraussetzungen für das gezielte Bestätigungsjammern erarbeitet. Herzlichen Glückwunsch! Gezieltes Bestätigungsjammern werden Sie vor allem am Arbeitsplatz und beim Aufbau Ihrer Karriere einsetzen wollen.

Wenn Sie unter Verhältnissen arbeiten, in denen eine forsche, tatkräftige und erfolgreiche Aktion nur Neider aktiviert, dann können Sie zum gezielten Bestätigungsjammern übergehen.

1. Schritt: Erfüllen Sie einen Auftrag, ein Projekt, eine Aufgabe sehr gut, verheimlichen Sie aber das Ergebnis.

2. Schritt: Machen Sie durch das Erwähnen von Unmöglichkeiten auf sich aufmerksam.

3. Schritt: Zeigen Sie so viele Unmöglichkeiten auf, dass Ihr Gegenüber (Chef) davon ausgehen muss, Sie hätten die Aufgabe nicht erfüllt. Bejammern Sie diese Unmöglichkeiten.

4. Schritt: Wenn Sie bei Ihrem Gegenüber die ersten nonverbalen Signale der Enttäuschung wahrnehmen, präsentieren Sie ganz nebenbei Ihr gutes Ergebnis.

Ihr Gegenüber wird Sie von sich aus darauf hinweisen, dass Sie die Aufgabe doch ausgezeichnet erfüllt haben. Beginnen Sie Ihre Antwortsätze mit folgenden Worten: „ ... ja schon, das stimmt zwar, das ist schon richtig aber, ..."

Erwarten Sie einen Quantensprung in Ihrer Chefbeziehung. Sollte Ihr Chef dieses Buch durchgearbeitet haben, erwarten Sie einen Rausschmiss – auch irgendwie ein Quantensprung. Aber wie käme Ihr Chef dazu, dieses Buch durchzuarbeiten? Denn in diesem Betrieb arbeitet ja doch nur einer: natürlich Sie.

Womit möchte ich mich einschmeicheln, um gezielte Bestätigung zu bekommen?

Bei wem möchte ich gezielte Bestätigung erjammern?

____

____

Welcher Art soll die gezielte Bestätigung sein, die ich durch Einschmeicheln erjammere, und welchen Jammerstil wende ich an?

____

____

Präsentationsjammern

Vor allem zur Entwicklung der hohen Schule des Präsentationsjammerns ist es aus fachdidaktischen Gründen wichtig, Video einzusetzen. Nutzen Sie die Arbeitsblätter, um ihre Videoarbeit so zeitintensiv wie möglich zu gestalten.

Bringen Sie Ihre Videoaufzeichnung mit in die von Ihnen gegründete Jammergruppe. Bejammern Sie dann als Gruppenaktivität die Video-Aufzeichnungen. Behalten Sie die jämmerlichen Präsentationen auf den Videos der anderen im Hinterkopf. So wird es jedem einzelnen Teilnehmer und jeder einzelnen Teilnehmerin leicht fallen, sich ein eigenes Jammerloch zu graben. Experten nutzen dazu einen Camping-Klappspaten, wie er im Fachhandel erhältlich ist. Vor dem Gebrauch ist allerdings die Arretierschraube zu entfernen.

Womit möchte ich mich präsentieren?

____

____

____

Bei wem möchte ich durch mein Präsentationsjammern Eindruck erzeugen?

Mit wem möchte ich was präsentieren?

Welcher Art soll die Präsentation sein, die ich jämmerlich durchführe, und welchen Jammerstil wende ich an?

Videoarbeit zur Schulung des Präsentationsjammerns

Jammern Sie etwa eine Stunde lang, um richtig in Fahrt zu kommen. Zeichnen Sie alles auf.

Sehen Sie sich dann die Videoaufzeichnungen mehrmals an. Nutzen Sie alle Funktionen Ihres Videogeräts wie Pausentaste, Vor- und Rücklauf usw.

Beachten Sie und notieren Sie Ihre Erkenntnisse über:

Ihre Mimik:

Ihre Gestik:

Ihre Kopfbewegungen:

Ihre Augenbewegungen:

Ihren Stimmklang:

Die Tragfähigkeit Ihrer Stimme:

Ihren Körpergeruch:

Welche Jammerformen sind auf der Video-Aufzeichnung sichtbar?

1.

2.

3.

Welches Jammermodell liegt hinter dem beobachteten Aufbau?

Zu welchem Jammermodell lässt es sich erweitern?

Welches neue Jammermodell kann daraus entwikkelt werden?

Die richtige Körperhaltung beim Jammern

Denken Sie immer daran: Ihr Körper muss sich im Einklang mit ihrer mentalen Einstellung befinden. Sie sollten sich (abgesehen von speziellen Haltungen in typischen Jammersituationen) in der Regel folgende Körperhaltungen und Ausdrucksweisen erarbeiten:

- hängende Schultern

- leicht gesenkter, leicht schief gehaltener Kopf

- Mundwinkel leicht abwärts (auch bei einem selbstverständlich nur gequälten - Lächeln)

- leicht zitternde Lippen

- vertikale Falten zwischen den Augenbrauen

- aufrechtes Sitzen, aufrechten Gang vermeiden.

Eine hoch diffiziele Jammerhaltung ist die spezielle bemitleidemich-Haltung:

Stellen Sie sich seitlich neben eine Wand. Bringen sie Ihren der Wand zugewandten Unterarm in einen 45° - Winkel (siehe Seite 22) zum Oberarm. Stützen

Sie nun den Ellenbogen etwa in Augenhöhe an die Wand, legen Ihr Gesicht in die Ellenbogenbeuge und seufzen Sie tief. Üben Sie dies mehrmals täglich vor einem Spiegel, damit der Bewegungsablauf flüssig wird aber trotzdem gequält wirkt.

Wir überlassen es Ihnen, ob Sie eine Wand an einem schon vorhandenen Spiegel entsprechend aufbauen oder eine vorhandenen Spiegel bei einer entsprechenden Wand aufhängen. Sind Sie wirklich überzeugt, diese Jammerhaltung zu beherrschen, probieren Sie sie bei einem Bekannten oder einer Bekannten aus. Der Erfolg wird Sie überzeugen, dass Sie auf dem korrekten Weg zu einer angesehenen Jammergestalt sind.

Individuelle Jammerarten

Nun sollten Sie und Ihre Jammergruppe dazu übergehen, vor allem die unterschiedlichen individuellen Jammerarten zu üben:

Jammern um mehr Arbeit

Jammern wegen Mehrarbeit

Jammern wegen zuviel

Jammern wegen mangelnder Zuwendung

Besprechen Sie Ihre persönlichen jammervollen Erfahrungen nach der Lektüre dieses Buches regelmässig in ihrer Jammergruppe. Falls Sie immer noch keine Jammergruppe gegründet haben, tun Sie das unverzüglich. Hinweise zum Gründungsverfahren erhalten Sie in jeder Buchhandlung. Buchtitel wie: „Ich gründe einen Verein" helfen ihnen da weiter. Gestalten Sie dann mit Ihrer Gruppe einen Jammerraum.

Jammer-Raum

Menschen haben unterschiedliche Vorstellungen von Jammerräumen. Vielleicht sieht Ihr Jammerraum ganz anders aus. Sollten Sie eine Audiokassette mit einer Phantasiereise zum Finden Ihres eigenen Jammerraumes wünschen, so kann diese bei den Autoren über den Verlag angefordert werden.

Zur Einrichtung meines Jammerraumes gehören:

Jammern um mehr Arbeit

Entspricht sehr dem Zeitgeist. Mit diesem Jammer befinden Sie sich zwar nicht in bester, aber doch in grosser Gesellschaft; jammern Sie auch über diese Aussage:

____

____

Jammern wegen Mehrarbeit

Beispiel:

„Jetzt soll ich das auch noch machen!"

„Ja, muss ich denn alles machen?"

„Ja, geht denn ohne mich gar nichts?"

Hier befinden Sie sich in bester und grosser Gesellschaft.

Jammern wegen zuviel Zuwendung

Beispiel:

„Hat man denn nie seine Ruhe?"

„Bin ich denn der einzige, den man hier fragen kann?"

„Hab' ich denn gar keine Privatsphäre?"

„Gibt's keinen ausser mir, der hier Bescheid weiss?"

„Ich frage mich, wer das alles macht, wenn ich nicht mehr bin?"

Jammern wegen mangelnder Zuwendung

Beispiel:

„Mich fragt ja keiner!"

„Hier weiss ja jeder alles besser."

„Ich bin doch nur gut zum (Geld verdienen, Abspülen, Hemden bügeln...)"

„Ich bin euch ja nur noch im Weg."

Jammer-Wettbewerb

Nachdem Sie die Grundformen des Jammerns gemeistert haben, sind Sie bereit für Ihr erstes Jammerprojekt. Nutzen Sie die dafür gekennzeichneten Buchseiten, um einen Aufsatz zum Thema

„Jammern als psychohygienisches Gestaltungsmittel auf dem Weg zur reifen Persönlichkeit"

zu verfassen.

Wir empfehlen Ihnen dringend, dazu schon den eigenen Jammerlappen zu nutzen, und weisen ausdrücklich darauf hin, dass die Verfasser ihre Jammerlappen weder verborgen noch kurzfristig ausleihen, schon gar nicht vermieten! Jammerschade, aber wir können auch nichts daran ändern, uns sind in diesem Fall die Hände gebunden, das werden Sie sicherlich einsehen.

JETZT SOLL ICH AUCH NOCH ALLEN JAMMERLAPPEN HÄKELN
WENN ICH BLOSZ STÖHNEN GELERNT HÄTTE ABER ICH KANN
JA NIX AL NICHTMAL SCHREIBEN ICH BIN HALT EINFACH
DOPPELT UND DREIFACH EINE NIETE UND DANN SOLL ICH
AUCH NOCH JAMMERN UND JETZT SOLL ICH SOGAR NOCH
STÖHNEN WAS DIE ALLES VON EINEM WOLLEN ES KOSTET
EH SCHON SO VIEL PAPIER KLECKST DIE BLÖDE FEDER
WIE BLÖD ECHT BESCHEUERT WÄR ICH BLOSZ NICHT
HER GEKOMMEN DAS GLAUBT MIR EH KEIN SCHWEIN
WENN ICH DAS ERZÄHLE WAS DIE HIER MIT EIM MACHEN
DIE HABEN DOCH 'N KNALL DABEI KANN ICH GARNICHT
STÖHNEN MIR FÄLLT NICHTS EIN ICH HAB AUCH NIX
ZUM STÖHNEN UND JAMMERN FIND ICH SOWAS VON
BLÖD WENN ICH BLOSZ NICHT JAMMERN MÜSZTE EIGENTLICH
MÜSZTEN DIE MIR WAS BIETEN HIER ICH HAB' DOCH
BEZAHLT JETZT SOLL ICH DENEN NOCH WAS VORJAMMERN
MEIN NACHBAR STÖHNT JA ECHT TOT WIE DER ÜBER-
HAUPT (VERFLUCHT ICH WOLLTE DOCH NICHT MEHR
TRENNEN) JA WIE DER KERL AUSSIEHT DER IS' JA SO
WIE ER RIECHT UND DER COACHER ABER ECHT ECHT COOL
JETZT TRÄUME ICH SCHON WIEDER FLUCHEN KÖNNTE ICH
SCHREIEN BRÜLLEN AM LIEBSTEN WÜRDE ICH PLATZEN
UND DAS GANZE BLATT MUSZ ICH VOLLMACHEN WO ICH EH
SCHON VIEL ZU GROSZ SCHREIBE UND OHNE RAND
SOLLTE ES AUCH SEIN DABEI JETZT HABE ICH MICH WIEDER
VERGESSEN UND DER ERSTE TAG IST NICHTMAL RUM NOCH
DAS GANZE WOCHENENDE UND ICH WEISZ ECHT NICHT WORÜBER
ICH STÖHNEN SOLL ICH HAB NIX ZUM JAMMERN MIR GEHTS
GUT MIR GEHTS ELEND GUT ICH BIN GRAUENHAFT FRÖHLICH
ABER DAS SEMINAR FINDE ICH ECHT ZUM KOTZEN DIE HAM
DOCH 'N RAD AB MIT IHREM BESCHEUERTEN JAMMERN
WIR SOLLEN SO KLEIN SCHREIBEN DASZ DER COACH EINE
LUPE BRAUCHT ZUM LESEN UND ALLES DRUCKSCHRIFT
UND MIT VERBOGENER FEDER JETZT HAB ICH EINEN
KRAMPF IM ARM O MEIN ARMER ARM ICH MAG NICHT
MEHR NEIN ICH WILL NICHT MEHR MIR IST DAS ZU BLÖD
UND ES GIBT AUCH ECHT NIX ZUM JAMMERN ODER STÖHNEN

Senden Sie, geschätzte Leserin, geschätzer Leser dieses Buches, Ihren Aufsatz an unsere Verlagsadresse (Verlag A & O des Wissens, Heimatstrasse 6, Postfach, CH-8034 Zürich).

Der beste und der miserabelste Aufsatz werden zwar prämiert, die anderen Aufsätze werden jedoch garantiert nicht beachtet. Das tut uns leid, ist aber nicht zu ändern. Die Gewinner erhalten einen Jammerlappen.

Aufsatz: „Jammern als psychohygienisches Gestaltungsmittel auf dem Weg zur reifen Persönlichkeit."

Gliedern Sie Ihren Aufsatz bitte wie folgt:

Einleitung:

Hauptteil:

Hauptteil:

Schluss:

Lesen Sie Ihren Aufsatz in Ihrer Jammergruppe laut vor. Achten Sie dabei unbedingt auf die richtige Stimmführung. Diese ist nicht nur beim Jammern wichtig. Vor allem die Intonation, das gepresste Aufwürgen, das unterdrückte Schluchzen und das strotoskope Atmen wollen geübt sein.

Nutzen Sie die folgenden Arbeitsblätter zur Beurteilung.

Stimmführung

Der Gebrauch der Stimme ist ein wichtiges Gestaltungsmittel beim Jammern. Neigen Sie Ihren Kopf so weit, dass der Kehlkopf etwas gepresst wird, und hauchen Sie ein "oh je". Sammeln Sie für sich und die Jammergruppe weitere Daten.

Was ich darüber weiss:

Was ich schon kann:

Was ich besser machen will:

Intonationsübung:

Teilen Sie Ihren Körper gedanklich in vier Schwingungsebenen ein. Die erste Ebene wird mit dem Laut „uuuhhh“ verbunden - intonieren Sie laut, bis Sie Ihre Beine bis zu den Oberschenkeln in Schwingung versetzt haben - die zweite Ebene mit dem Laut „ooooohhhhhhhh“ - die dritte Ebene mit dem Laut „aaaaaaccccc cchhhhhhhh“ - die vierte Ebene mit „ooohhhhhjjjjjjeeehhhhm mmmiiinnnnn eeeee hhhhhh“.

Die Intonation

Was ich darüber weiss:

____

____

____

Was ich schon kann:

____

____

Was ich besser machen will:

Das gepresste Aufwürgen

Als Laut ist hier meist nngmmhh vernehmbar. Zum Üben sollten Sie sich vornüberbeugen, den Kopf zur Brust nehmen, den Oberbauch und das Zwerchfell anspannen und aufhören zu atmen. Wenn der Atem selbst wieder einsetzt (und dies geschieht nur bei genügend Lebenswillen), werden Sie den "nngmmhh" - Laut hören. Kultivieren Sie das!

Was ich darüber weiss:

Was ich schon kann:

Was ich besser machen will:

Das unterdrückte Schluchzen

Diese Form studieren Sie am besten, indem Sie die Luft laut durch den Mund einziehen und gleichzeitig den Kopf horizontal ganz zurückziehen. Wenn der Kopf anatomisch notwendigerweise wieder etwas nach vorne kommt, bemerken Sie anfangs ein leichtes KLICK-Geräusch. Bauen Sie dieses Geräusch zu einem unterdrückten Schluchzen aus.

Was ich darüber weiss:

Was ich schon kann:

Was ich besser machen will:

Das strotoskope Atmen

Ein Geheimnis der Autoren!

Was ich darüber wissen möchte:

Was ich schon können möchte:

Was ich auf keinen Fall will:

Um Intonation, Aufwürgen, unterdrücktes Schluchzen und strotoskopes Atmen zu üben, arbeiten Sie bitte mit einer Jammerkassette. Nehmen Sie einen Kassettenrecorder und geben sie sich viel Zeit. Legen Sie eine leere Kassette in den Recorder ein und drücken Sie die Aufnahmetaste. Stellen Sie sich vor einen Spiegel und beginnen Sie. Fertigen Sie Ihre eigene Audiokassette. Sie können damit bereits auf dem Weg zur Arbeit statt der üblichen jämmerlichen Unterhaltungsmusik Ihre **eigenen** Jammertiraden hören.

Lassen Sie sich von Mitfahrern Feedback geben. Wir sagen hier nicht, dass Sie sich von Mitfahrern, die Sie nicht so gerne in Ihrem KfZ mitnehmen, Feedback über Ihre persönliche Jammerkassette geben lassen sollen; das müssen Sie schon selbst wissen.

Dokumentieren Sie auf den dafür vorgesehenen Seiten Ihre Erfahrungen mit der eigenen Jammer-Audiokassette.

Fertigen Sie Ihre eigene Audiokassette

Vergegenwärtigen Sie sich nochmal alles, was Sie bisher über das Jammern gelernt haben.

Das habe ich bisher über das Jammern gelernt:

____

____

____

Das will ich auf meiner eigenen Jammerkassette zu hören bekommen:

Einleitung:

____

____

Hauptteil:

____

____

____

____

Schluss:

Diese Musik will ich nutzen:

(Eine Auswahl von Jammermusiken ist jetzt im Fachhandel erhältlich, die Verfasser geben gerne Auskunft oder spielen gegen entsprechende Gebühr auch selbst.)

Erfahrungen mit der eigenen Jammer - Audiokassette:

1. Fahrtenbuch der Jammerfahrten:

Von: Nach:

Mitfahrer:

Fahrtzeit:

Kommentare:

Diese Leute sollten noch folgendes lernen:

2. Fahrtenbuch der Jammerfahrten:

Von: Nach:

Mitfahrer:

Fahrtzeit:

Kommentare:

____

____

____

Diese Leute sollten noch folgendes lernen:

____

____

3. Fahrtenbuch der Jammerfahrten:

Von: Nach:

Mitfahrer:

Fahrtzeit:

Kommentare:

Diese Leute sollten noch folgendes lernen:

Wir hoffen, dass Sie noch viele Jammerfahrten machen werden. Jammern Sie ruhig, dass wir Sie jetzt zum Kopieren schicken, um sich ein Fahrtenbuch anzulegen.

Die drei Weh des Jammerns

Nun haben Sie gemerkt, welche Kraft im Jammern steckt. Die entsprechenden Arbeitsblätter geben Ihnen noch einige Anregungen zu Ihrer Weiterentwicklung. Um sich mit den vielen Möglichkeiten des Jammerns zurecht zu finden, teilen Sie die grundlegenden Jammerarten einfach in drei Gruppen auf:

***Wann** jammern Sie?*

Jammern durch die Jahreszeiten: Frühlings-, Sommer-, Herbst- und Winterjammer

Jammern durch die Tageszeiten

Jammern in den Monaten des Jahres

***Wo** jammern Sie?*

Jammern an besonderen Orten

Worüber jammern Sie?

Jammern über zuviel

Jammern über zuwenig

Jammern durch die Jahreszeiten

Typisches Frühlingsjammern:
„Jetzt sollten die Blumenkästen wieder ins Fenster. Alles wegen der Nachbarn. Dabei ist es noch viel zu kalt. Aber wenn es alle machen, dann mache ich eben auch mit.“

Typisches Sommerjammern:
„Ist das heiss, nirgends Abkühlung, da wird man ja verrückt, bei dieser Hitze."

Typisches Herbstjammern:
„Regen, Regen, Regen, zum Trübsinnig- Werden. Kein Wunder, nehmen die Depressionen überall zu."

Typisches Winterjammern:
„Nasskalt, nasskalt und grau, wie ich das hasse. Das sitzt einem so richtig in den Knochen, da muss man ja krank werden.“

____

____

____

____

Jammern durch die Tageszeiten

Das 6 Uhr Jammern:
„Mist, bald muss ich aufstehen. Kann ich nicht wenigstens ein Mal lange liegen bleiben und richtig ausschlafen? Wer hat nur diesen Tagesrhythmus erfunden? Rein unmenschlich so etwas.“

____

____

Das 7 Uhr Jammern:
„Oh nein, schon wieder so spät. Kann es denn keinen Tag ohne Staus geben? Weshalb bekommt heute jeder einen Führerschein? Es ist zum Heulen, aber da kümmert sich ja keiner drum, wieviel Sprit und Zeit morgens sinnlos verbraucht werden."

____

____

Das 8 Uhr Jammern:
„Jetzt bin ich noch nicht einmal richtig im Büro und schon hat der Alte nach mir gefragt. Bin ich denn der „Ganggo", den man nach allem schicken kann? Weshalb eigentlich immer ich?"

____

____

____

Das 9 Uhr Jammern:
„Nein, jetzt will ich auch mal Pause, andere haben zu dieser Zeit schon das zweite Frühstück hinter sich, ich noch nicht einmal das erste."

____

____

Das 10 Uhr Jammern:
„Hoffentlich ist bald Mittag. Das geht heute wieder zu. Wer soll denn das aushalten. Dafür reicht das Schmerzensgeld aber nicht, das ich hier bekomme."

____

____

____

Das 11 Uhr Jammern:
„Nicht doch, so kurz vor Mittag! Hat das nicht Zeit bis morgen? Muss immer alles schon gestern fertig sein? Ich muss auch oft warten, zu oft sogar."

Das 12 Uhr Jammern:
„Schon wieder Fisch und ausgekochtes Gemüse. Wer soll denn das essen. Die denken wohl, wir sind Schweine. Und dann 6,80 verlangen, ich wollte doch nicht die ganze Kantine kaufen."

Das 13 Uhr Jammern:
„Buh, ist mir schlecht, so voll habe ich mich lange nicht gefühlt. Mit so einem prallen Ranzen kann doch kein Mensch sitzen. Ein Sofa wäre gut, aber Mittagsschlaf hält hier ja nur der Alte."

____

____

Das 14 Uhr Jammern:
„Jetzt geh' ich mal kopieren, das hält wenigstens wach, wird wieder kein Papier in der Maschine sein – oder einer hat sein Original liegen lassen und ich kann's hinterher tragen."

____

____

____

Das 15 Uhr Jammern:
„Dieses Telefon raubt einem den letzten Nerv. Haben die Leute keinen Friseur, dem sie das ganze Gelaber erzählen können?"

____

____

____

Das 16 Uhr Jammern:
„Bald Feierabend, am liebsten würde ich heute etwas früher gehen. Aber wenn mich der Alte erwischt, bin ich draussen. Auf mich hat er's eh abgesehen. Weshalb muss ausgerechnet ich unter einem so schlechten Stern geboren sein?"

____

____

____

Das 17 Uhr Jammern:
„Endlich, schnell, damit ich vor den anderen aus dem Parkhaus komme. Oh nein, die stehen schon wieder am Tor an. Vergeht denn kein Tag ohne Verzögerung? Das ist ja wie im Gefängnis hier."

Das 18 Uhr Jammern:
„Ich könnte ja noch etwas einkaufen, aber die Läden machen gleich zu. Da sind sie pünktlich, beim Feierabendmachen.

Das 19 Uhr Jammern:
„Was soll denn das? Weshalb ist heute keine Sportübertragung im Fernsehen? Wegen irgend so einer Katastrophe - ich hab' hier jeden Tag Katastrophe, wenn ich immer nur jammern würde."

____

____

____

Das 20 Uhr Jammern:
„Ist das ein Fernsehprogramm? Zum Einschlafen! Das ist aller, was die können. Gebühren kassieren und miserable Filme einkaufen."

____

____

____

Das 21 Uhr Jammern:
„Nein, nicht schon wieder! Die 14. Wiederholung dieses Jahr. Den Streifen kann ich schon singen. Ein bisschen Recht auf Unterhaltung habe ich doch auch, schliesslich arbeitet man ja den ganzen Tag."

Das 22 Uhr Jammern:
„Oh, jetzt hab' ich doch ein bisschen geschlafen, war wohl ein anstrengender Tag heute. Ja, das Telefon nervt mit jedem Tag mehr, man wird auch nicht jünger."

Das 23 Uhr Jammern:
„Erst elf und auf keinem Kanal ein gescheiter Film. Wenn ich so arbeiten würde - ich frage mich, wofür die das Geld rausschmeissen, aber wir sind denen ja egal, wir sind die Melkkühe."

Das 24 Uhr Jammern (auch Mitternachtsjammer genannt):
„Schon 12, ich muss wieder früh raus. Jetzt bin ich gar nicht müde. Aber wenn ich wach bleibe und noch mehr von diesen Salznüssen esse, dann wird es wieder eine jämmerliche Nacht."

Das 1 Uhr Jammern:
„Ich hab's gewusst. Nichts hilft, kein Schafezählen, keine Tabletten. Zum Mond können sie fliegen, aber ein gutes Schlafmittel entwickeln, dafür reicht's nicht."

____

____

Das 2 Uhr Jammern:
„Puh, geht's mir schlecht. Weshalb muss ein Mensch träumen, und dann noch so einen Schrott? Kann ich denn nicht, wie andere auch, einmal ruhig durchschlafen und ausgeruht aufwachen?"

____

____

____

Das 3 Uhr Jammern:
„Oh, ich sollte auf's Kloo. Aber ich will nicht wieder auf diesen kalten Steinen stehen. Vielleicht kann ich es noch zurückhalten und es geht weg."

____

____

Das 4 Uhr Jammern:
„Doch nicht, jetzt muss ich unbedingt. Es scheint, ich bin Sklave meiner Blase. Das soll die vielbesagte Freiheit sein? Zwang nenne ich das, unerbittlichen Zwang."

____

____

____

Das 5 Uhr Jammern:
„Wird schon hell, die Nächte werden auch immer kürzer, da hilft die Sommerzeit auch nichts. Das mit der Zeitumstellung jedes Jahr ist sowieso Unfug. Alles, um noch mehr aus mir herauszupressen."

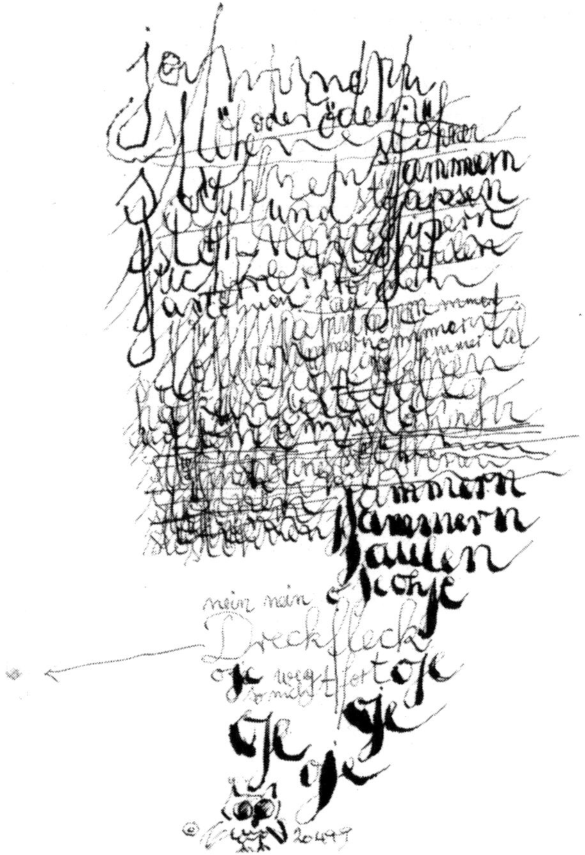
nein nein
Dreckfleck

Jammern über den Staat

Sollten Sie einmal in der höchst unwahrscheinlichen Lage sein, zu meinen, dass Sie gar nichts zu Jammern haben, empfehlen wir das Jammern über den Staat. Insbesondere auch Anfänger haben hier die Möglichkeit, zu jeder Zeit - durch die Jahreszeiten, die Tageszeiten und durch die Monate des Jahres - an nahezu jedem beliebigen Ort, in nahezu jeder Umgebung - bei Freunden/Bekannten, in der Familie, bei der Arbeit und in der Freizeit - das Mengenjammern zu üben.

Jammern über zuviel Staat

Beispiele:

Man könnte meinen, ohne den Staat ginge gar nichts mehr!

Da sollte sich der Staat wirklich nicht einmischen!

Warum will der Staat mir da jetzt auch noch Vorschriften machen?

Da ist doch wirklich durch den Staat gar nichts zu ändern!

Jammern über zuwenig Staat

Beispiele:

Ich finde, da sollte der Staat doch einmal etwas unternehmen!

Warum tut der Staat eigentlich so wenig dafür?

Wofür gibt der Staat eigentlich sein Geld aus?

Da ist doch wirklich nur etwas durch den Staat zu ändern!

Jammern in den Monaten des Jahres

Januar: ______

Februar: ______

März: ______

April: ______

Mai: ______

Juni: ______

Juli: ______

August: ______

September: ______

Oktober: ______________________________

November: ______________________________

Dezember: ______________________________

Jammern an bestimmten Orten

Aachen:

____

____

Bechen:

____

____

____

Cechen:

Dechen:

Das Mengenjammern

Jammern über zuviel:

Jammern über zuwenig:

Jammer-Zertifizierung

Abschliessend wollen wir noch auf eine häufig gestellte Frage eingehen: „Gibt es bereits Zertifizierungsbestrebungen nach DIN/ISO 9000 oder höher?"

Bestrebungen sind im Gange. Die Verfasser haben bereits ein Jammernetzwerk gegründet und sind im Internet (www.jammern.de). Ausserdem sind die Verfasser seit einigen Jahren dabei, ein Zertifizierungsprogramm für ein zeitgerechtes Jammern aufzustellen. Es werden Seminare angeboten, die Ihnen helfen, wirkliche Sicherheit durch ein Zertifikat zu erlangen. Die Jammerzertifizierung gliedert sich wie folgt:

1. *Entwicklung on the Job*

   Die Jammerwünsche werden analysiert

   Die Jammer–Projektziele werden formuliert

   Zwischen- und Teilziele werden besprochen

Projektpläne werden ausgearbeitet

Der Jammerstil wird vereinbart

Die Kontrollarbeiten werden festgelegt

Die Massnahmen werden ausgehandelt und fixiert.

Da es sich vornehmlich um Divisionsbelange handelt und das interdisziplinäre und interkulturelle Jammermanagement angesprochen ist, nehmen an derartigen Ausbildungen on the job die direkt betroffenen Jammerer teil. Die Leitung des Workshops liegt bei einer Fachkraft.

2. Selbstführung im Jammern

Das Jammer-Audit zeigt, in welchen Bereichen die für eine Jammerkarriere vorgesehenen Mitarbeiter gefördert werden sollten. Hierzu können Themen zählen wie:

Introspektiven; Erkennen und Einsetzen der eigenen Jammerfähigkeiten

Selbstvertrauen und Selbstakzeptanz im Jammern

Zwischenmenschliche Jammerbeziehung

Erhöhung der Konfliktfähigkeit durch Jammern

Fördern der kreativen Fähigkeiten des Jammerns

Auseinandersetzung mit den eigenen Jammerwerten

3. *Teambildung*

Es hat sich in der Praxis bewährt, Teambildungsprozesse durch Coaching zu begleiten. Die Zielsetzungen des Jammercoachings sind:

Die verbesserte Effizienz der Teamarbeit

Das Jammerverständnis unter Teammitgliedern erhöhen

Die Jammerweisen identifizieren, welche Teamarbeit fördern

Die Jammerverteilung und die Jammerspiele im Team bewusst machen

Zu klären, welche unausgesprochenen Erwartungen vorhanden sind.

4. *Leadership-Audits, Phase 1*

Für alle Mitarbeiter, die einen Jammerführungsanspruch erheben, wird in einem Leadership-Audit eine Potenzialanalyse vorgenommen. Das Ledership-Audit soll berufliche Jammersituationen abbilden und die definierten Voraussetzungen überprüfen.

5. *Professional-Audits, Phase 2*

Professional-Audits sind regelmässige Abklärungen, welche die fachlichen Reifeentwicklungen in Bezug auf das Jammern eines Mitarbeiters messen und sicherstellen, dass fähige Kadermitarbeiter entsprechend unterstützt und gefördert werden. Die Resultate dieses Audits dienen auch dazu, für die verschiedenen Jammerprojekte die richtigen Mitarbeiter auszuwählen und einzusetzen. Falls Mängel festgestellt werden, muss die Qualifzierung aufgearbeitet werden.

Erstreben Sie eine Zertifizierung!

Nur mit einem Zertifikat können Sie wirklich sicher sein. Nur wenn jemand, von dem Sie meinen, dass er beherrscht, was Sie beherrschen wollen, ihnen mit einem Zertifikat bestätigt, dass Sie auf dem richtigen Weg sind, bekommen Sie Sicherheit.

Lassen Sie sich von eigenen Erfolgen nicht täuschen. Auch wenn Sie häufig bestätigt bekommen, dass Sie wirklich gut jammern können, ganz sicher können Sie erst mit einem Zertifikat sein.

Es liegt uns allerdings fern, Sie zu einem unserer ohnehin ausgebuchten Seminare einzuladen, damit Sie der exklusiven Zertifizierung näher kommen können. Leider.

Gibt es bereits andere Zertifizierungsbestrebungen nach DIN/ISO 9000 oder höher?

Rufen Sie Ihre örtliche IHK oder Ihren Wirtschaftsverband an und erkundigen Sie sich. Notieren sie hier die Antworten:

Das Seminar: Jammern im Alltag für Millionäre

Seminar für aktuelle Lebensgestaltung speziell für Millionäre mit Übungen für die Praxis an zwei Tagen. Absolute Diskretion ist selbstverständlich, es werden keine Teilnehmerdaten weitergegeben.

Seminarleitung:

Rudolf Kraus, Spezialagoge,

Franz Stowasser, Kommunikationsträner

und Gastdozenten.

Seminarort:

Tagungshotel Löwen, Gresgen

Zeit: Nach Vereibarung

Investition: 10.000 Euro

Der erste Tag:
Begrüßung

Es gibt wohl keine soziale Gruppe, die in Bezug auf Psychohygiene benachteiligter ist, als die Gruppe der Millionäre. Wer Geld hat, soll sich in unserer Gesellschaft auch gleich wohlfühlen und jeden Tag Freude zur Schau stellen. Es scheint kein Platz für Klagen zu sein und wer es als Millionär wagt zu klagen, wird verlacht oder mit zynischen Bemerkungen traktiert.

Durch die gesellschaftliche Idealisierung des Geldes ist vor allem in den letzten Jahrzehnten der Eindruck entstanden, beim Jammern reicher Leute handle es sich um ein ungerechtfertigtes, unbegründetes und verweichlichtes Verhaltensschema. Jammern bleibt aber eine beliebte und bewährte Methode zur seelischen und psychischen Kartharsis. Auch für Millionärsgattinnen, die vielleicht seit Jahrzehnten heimlich wegen ihrer angefeindeten Position jammern, soll ein Signal gesetzt werden: Es handelt sich beim Jammern um ein psychologisch einwandfreies Verhalten. Der einfachste Weg, intensives Jammern zu lernen und zu üben ist die Gruppenarbeit. Wir erarbeiten die 5 Grundprinzipien des Gruppenjammerns:

Aufmerksamkeitsjammern:
Ich bin weil ich jammere.

Einschmeichelndes Jammern:
Liebe mich, weil ich jammere.

Zuwendungsjammern:
Beachte mich, wenn ich jammere.

Gezieltes Bestätigungsjammern:
Reagiere positiv auf mich weil ich jammere.

Präsentationsjammern:
Ich zeig Dir, wie ich jammere. Vor allem zur Entwicklung der hohen Schule des Präsentationsjammerns werden wir aus fachdidaktischen Gründen Video einsetzen. Die Teilnehmer nehmen die Bänder mit nach Hause. Mit den als Gruppenaktivität bejammerten Video-Aufzeichnungen der jämmerlichen Präsentationen im Hinterkopf wird es jedem einzelnen Teilnehmer und jeder einzelnen Teilnehmerin leicht fallen, sich ein eigenes Jammertal zu graben. Der Tag soll dazu genutzt werden, vor allem die unterschiedlichen Individual-Jammerarten zu üben: Jammern um mehr Geld, jammern gegen zuviel Freizeit, jammern wegen zuviel/mangelnder Zuwendung, jammern, einfach jammern.

Der zweite Tag:
Begrüßung

Besprechung der persönlichen jammervollen Erfahrungen des vorangegangenenTages.

Ein Gastdozent mit dem Thema:
„Jammern als psychohygienisches Gestaltungsmittel auf em Weg zur reifen Persönlichkeit“.

Wir bitten die Teilnehmer dringend, zu diesem Vortrag den eigenen Jammerlappen mitzubringen und weisen ausdrücklich darauf hin, dass der Refernt Seinen Jammerlappen weder verborgt, noch kurzfristig ausleiht, schon gar nicht vermietet - Jammerschade, aber wir können auch nichts daran ändern, uns sind in diesem Fall die Hände gebunden, das werden Sie beim Vortrag schon sehen.

Stimmtraining:
Wichtige Stimmführung ist beim Jammern wichtig. Vor allem die Intonation, das gepresste Aufwürgen, unterdrücktes Schluchzen und das strotoskope Atmen wollen geübt sein. Wir fertigen an diesem Tag unsere eigene Audiokassette, oder zumindest das Programm dazu (eigene Cassettenrecorder bitte mitbringen). Damit wir bereits morgens im Bett statt der üblichen jämmerlichen Unterhaltungsmusik unsere eigenen Jammertiraden hören können.

Die Seminarleitung wird auch über nonverbale Ausdrucksmittel referieren und den Teilnehmer Innen Feedback geben. Medien: Video und Audio.

Ein Gastdozent mit dem Thema:
„Wissenschaftliche Fundierung des Jammerns insbesondere bezogen auf Raum- und Zeitphilosophie durch Max Jammer".

Praktische Übungen für die Zukunft:

- Jammern durch die Jahreszeiten - Frühlings-, Sommer-, Herbst- und Winterjammern.
- Jammern durch die Tageszeiten, Jammern in den Monaten und Wochen des Jahres.
- Jammern an besonderen Orten, Jammern über ZUVIEL - Jammern über ZUWENIG.

Vielleicht reicht die Zeit und wir können noch eine Trauerweide pflanzen. **Für Individualisten sind Einzelcoachings möglich.**

Im Internet im Forum Jammerlyrik
auf der Seite www.jammern.de von „Saxo“
am 18. Mai 2000
02:04 Uhr abgelegt:

Ja, so ist’s gut,
so ein Gedicht gibt neuen Mut.
ist es lang und wohldurchdacht
hilft es mir durch dunkle Nacht.
Und ich schreib´ vor meinen Augen
die zum Lesen sehr wohl taugen
und den Widerschein der Zeilen
sachte dem Gehirn mitteilen.
Meine Augen sind sehr wach
und meine Finger machen nach,
was mein Blick mir vorgezeigt
und ich schreib, mir zugeneigt.
Da sind Worte,
die im Jammersee verschwinden,
Sätze, die im Reim sich ängstlich winden,
Zeilen, die mir jammervoll erscheinen.
Das Beste ist, ich gehe weinen.

Hauen Sie jetzt sofort
mit der flachen Hand
(die Männer mit dem
strammen Ballen
der geballten Faust)
auf den Jammer-
breiten —
Jammergenerator.

Jammern
Sie.

Der Zeichner: Oiuiae Ïïöüëÿ Qqpyjgfdbs

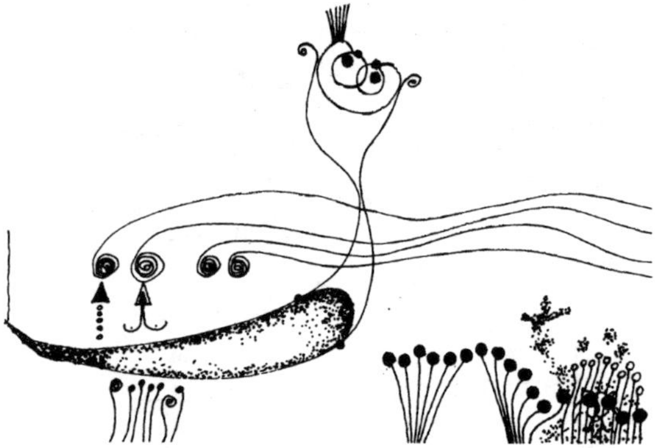

bei mir wohnt ein ele-
phant manchmal zaehle
ich seine fuesze
nicht dasz ich das muesze
nein eben nur so
es schtimmt mich so froh
wenn ich des ele-
phants fuesze zaehle
halt eben nur so
OO

Er geistert seit 1939 als Sonntagskind durch die Lebennebel. Sein Ziel war ihm stets im Weg. So wurde er clandestin wie eine Eule. Widerborstig bis zum geht-nicht-mehr erfand er aus bodenloser Obstruktion das jämmerlich-stöhnende NEINMMERN.

Jetzt schreibt er den DUDEN (*„Du, den meine ich“*) um und bastelt sich eigene Rechtschreibungen, Buchstaben & Satzzeichen für seine Leserinnen und LeserinnenEr. Seine Heimaten sind das Tintenfaß, eine Ein-Knopf-Tastatur an einem 1-Bit-Rechnerchen und seine mittlerweile ca. 600 Verlage, denn er gründet für jedes Geschichtchen und selbst für ein Überschriftleinchen einen neuen Verlag.

Tag & Nacht ist er emsig in seiner REPARATURWERKSTATT FÜR KANONENSCHLÄGE & RAKETEN „FÜR DIE WIEDEREXPLOSION“ zu finden, bis der Morgen und ihm graut. Als Naturliebhaber pflegt er in seinem Projekt *„Pappe zu Pappeln“* innige Beziehungen zu Pappkartons, diesen modérnen Bäumen jenseits vom módern. Er krakelt gerne und er hat seine Hände noch nicht ganz getrennt. Täglich nimmt er sich erneut das Leben. Er ist meist heiter.

Franz Stowasser

erschrak im August 1952 vor dem Licht der Welt und hat diesen Schreck bis heute nicht überwunden. Als Zweijähriger zeigte er fortgesetztes jähzorniges Verhalten und wurde deshalb zum Verbleib in einer Kleinfamilie verpflichtet. Da seine Kindheit, von seinem Vater auf Dias und Schmalfilm festgehalten, noch heute jedem Interessierten auf Anfrage zugänglich ist, soll hier nicht weiter darauf eingegangen werden. Nach offiziellen Aufzeichnungen hat er mehrere Schulen besucht, behauptet aber selbst, sich daran nicht zu erinnern. Franz Stowasser ist ein eigenartiger Mensch, voller Widersprüche und Ungereimtheiten. Er sollte sich endlich mal zusammennehmen und etwas Ordentliches mit seinem Leben anfangen. Wie lange will er noch warten? Sind die Jahre seit 1952 nicht genug? Es ist ein Jammer, wie dieser Mann mit der ihm geschenkten Lebenszeit umgeht.

Rudolf Kraus

ist um keinen Deut besser. 1951 als drittes von fünf Kindern einer Kriegsgefangenen-Trümmerfrau-Verbindung geboren, mit sechs Jahren erblindet, mit acht wieder sehen könnend, aber bis heute nicht durchblickend. War während des Studiums Versuchsperson zum Nachweis des Doppel-Whopper-Sandwich-Kind-Effekts (Jammerautomatismus bei Mittelkindern mit mindestens zwei älteren und zwei jüngeren Geschwistern). Ein Leben mit gewisser Leidensstringenz aber unproduktiv und chaotisch. Rudolf Kraus schreibt seit seinem fünften Lebensjahr Tagebücher (auch auf Bestellung) und Gebrauchsanweisungen für dekonstruktivistische Selbstbaumöbel. Er ist ein ernster, in sich gekehrter Mensch (was ihm Schwierigkeiten beim Ankleiden bereitet) mit geringer sozialer Kompetenz und wirren utopischen Phantasien, ausserdem ein jämmerlicher Musiker.

Kontakte:

www.think-seminars.com

www.jammern.de

www.lernnavigator.com

www.aundo-des-wissens.com

Jede Situation zum Coaching nutzen! Das Flösserprinzip zeigt wie:

Durch Coaching erfahren Mitarbeiter einen Kompetenzzuwachs in Bezug auf ihre Orientierungen, Fähigkeiten und ihr Verhalten. Dieses Buch zeigt, was Coaching ist, was es leisten kann, wie man es trainiert und anwendet. Die Autoren erarbeiten gemeinsam mit dem Leser, den sie als dritten Autor betrachten, das Thema Coaching Schritt für Schritt.

Die zahlreichen Aufgaben, Übungen und Arbeitsblätter ergeben am Ende ein eigenes Coaching Arbeitsbuch. Das erworbene Wissen ist jederzeit und überall anwendbar.

Eine neue Reise ins Coaching LernNavigatoren als Reisebegleitung

Nach dem ersten Band „Coaching – das Flößerprinzip" legen Franz Stowasser und Hans-Georg Thumm mit „Body & Mind Geographing" eine neue Form des Fachbuchs vor.

Als Leser und Mitautor erfahren Sie mit diesem Buch mehr als gehirngerechtes Lernen, Sie gehen auf eine körperliche und mentale Reise. Wohin? Natürlich dorthin wo es am interessantesten ist, in die Regionen Ihrer eigenen Wahrnehmung, Ihres Denkens und Fühlens. Angeregt durch Metaphern, Figuren, Landkarten und einer modernen Methode der Einschätzung Ihres Verhaltens in bestimmten Kontexten (mehr dazu auf www.lernnavigator.com) werden Ihre eigenen Aktivitäten Transportmittel in Ihrer virtuellen Welt. Sie können mit diesem Buch verändern, sich selbst coachen und dabei Ihre Vorstellungskraft und Kreativität entfalten.